Je crée
mes **desserts**
sans gluten

Depuis 1979, Terre vivante vous fait partager
ses expériences en matière d'écologie pratique :
jardinage bio, habitat écologique, alimentation saine
et bien-être... à travers :
> l'édition de livres pratiques ;
> le magazine *Les 4 Saisons du jardin bio* ;
> un Centre écologique, proposant des stages pratiques ;
> un portail Internet, www.terrevivante.org.

Le catalogue des ouvrages
publiés par **Terre vivante** est
disponible sur simple demande
et sur internet.

Terre vivante,
domaine de Raud, 38710 Mens.
Tél. : 04 76 34 80 80.
Fax : 04 76 34 84 02.
Email : info@terrevivante.org
www.terrevivante.org

Du livre à la pratique,
participez aux stages
de jardinage bio au
Centre Terre vivante.

Renseignements sur
www.terrevivante.org

Remerciements
Je remercie des plus chaleureusement MC pour son soutien, ses encou-
ragements et sa volonté inébranlable de rester mon cobaye le plus fidèle
et le plus assidu ; Maïté pour son aide très précieuse (ce fut un plaisir de
travailler avec toi) ; Philippe (trop top tes conseils techniques, j'en rede-
mande) ; Claire Groshens pour sa confiance en ce projet gourmand.
Je remercie également les entreprises de la filière bio qui ont très aimable-
ment répondu à mes questions et mis à ma disposition certains de leurs
produits : Nature & Cie (www.nature-et-cie.fr), Ecoidées (www.ecoidees.
com), Moulin des Moines (www.moulindesmoines.com) et Altérial
(www.lesrecettesdeceliane.com).

Création graphique : Crumbleshop.com
Coordination éditoriale : Fabienne Hélou
Photogravure : C'limage

ISBN 978-2-36098-053-6
ISSN 2108-9515

© Terre Vivante, Mens, France, 2012

Facile & bio

Je crée mes desserts sans gluten

Texte & photographies
Natacha Duhaut

terre vivante

INTRODUCTION....................................p. 6

1 DOUCEURS FRUITÉES

Tartelettes meringuées au citron...............p. 12
Perles du Japon aux fruits rouges.............p. 15
Tartelettes aux framboises.........................p. 16
Muffins aux fruits rouges............................p. 19
Muffins épicés aux poires et aux flocons
de châtaigne caramélisés..........................p. 20
Kissel aux fraises ....p. 23
Crumble coco à la mangue.........................p. 24
Gratin de millet aux prunes ....p. 26
Gâteau pomme-cannelle............................p. 28
Granola et velouté de brebis
aux fruits des bois......................................p. 31
Clafoutis épicé aux pêches.........................p. 32
Crumble pommes-poires au fonio ....p. 35

2 PETIT-DÉJEUNER OU GOÛTER

Tarte US au sirop d'érable
et aux noix de cajou....................................p. 39
Petits moelleux aux noisettes.....................p. 40
Gâteau aux carottes
et sa crème au « beurre » ....p. 42
Petits pains aux graines de pavot
et au miel...p. 44
Pain du dimanche matin aux fruits...........p. 47
Pain d'épices...p. 48
Biscuits indiens ....p. 51
Madeleines au thé rouge et à la vanille ...p. 52
Croquants aux dattes.................................p. 55
Cake à l'orange et au gingembre ....p. 56
Cannelés..p. 58
Pudding du chômeur...................................p. 61

3 DESSERTS EXPRESS

Tartelettes aux prunes
sur lit de crème vanille ....p. 64
Crumble *made in Belgium*.........................p. 67
Cookies aux noisettes.................................p. 68
Tatin de l'été...p. 70
Pancakes au miel..p. 72
Bâtonnets de polenta
et leur coulis de mangues..........................p. 75
Bavarois aux framboises.............................p. 76
Blinis de pommes
nappés de sirop de fruits............................p. 79
Crème de riz au « lait »
et sa compotée de fraises...........................p. 80

4 POUR LES FONDUS DU CHOCOLAT

Crème superchocolatée...............................p. 84
Nems au chocolat..p. 86
Gâteau au chocolat ....p. 89
Moelleux au chocolat
et au caramel salé.......................................p. 90
Brownies chocolat-cappuccino...................p. 92
Crêpes légères au chocolat
et à la noix de coco ....p. 94

Introduction

Quel est le point commun entre un pain, un gâteau, un potage lyophilisé, une tablette de chocolat, des fruits secs, un yaourt aux fruits, une crème glacée, des saucisses, un saucisson, une bière, des nougats, un pâté, une panure, un boudin, un dentifrice, des bonbons, un médicament et des frites surgelées ? Le blé, et plus précisément le gluten. Cette omniprésence s'explique notamment par ses nombreuses propriétés (liant, gonflant, élasticité). Ingrédient miracle pour certains, le gluten a tout du poison pour d'autres, qui se voient contraints de l'exclure de leur alimentation. Passé la première réaction de panique, ces derniers découvrent un nouveau monde gustatif riche de farines aux goûts et saveurs inédites.

Riz, châtaigne, sarrasin, quinoa... autant de farines « nouvelles » qui demandent un temps d'adaptation et d'apprentissage. Tel est l'objectif de ce livre. Après une brève présentation, vous découvrirez leurs usages à travers une quarantaine de desserts. Faciles à réaliser, les recettes ont été regroupées en quatre thèmes : les douceurs à base de fruits, les desserts à déguster au petit-déjeuner ou au goûter, les gourmandises express pour ceux qui ne veulent pas trop attendre et les friandises qui raviront tous les fondus de chocolat.

Usez et abusez de ce catalogue gourmand, régalez-vous, puis laissez votre imaginaire vous emporter et mettre en scène ces farines merveilleuses dans de savoureuses douceurs inédites.

Que de découvertes !

Avec les recettes de ce livre, vous cuisinerez 18 farines, flocons et autres ingrédients sans gluten. Tous ces ingrédients sont présentés dans des encadrés que vous découvrirez au fil des pages...

Arrow-root (p. 22)
Farine de noix de coco (p. 38)
Farine de châtaigne (p. 18)
Farine de pois chiche (p. 50)
Farine de riz (p. 60)
Farine de sarrasin (p. 54)
Farine de soja (p. 88)
Farine de souchet (p. 20)
Farine de teff (p. 43)
Fécules de pomme de terre et de maïs (p. 78)
Flocons sans gluten (p. 30)
Fonio (p. 34)
Millet (p. 27)
Muesli sans gluten (p. 66)
Perles du Japon (p. 14)
Polenta (p. 74)
Poudre à lever et levure sans gluten (p. 46)
Quinoa (p. 57)

✦ Il n'y a pas que le blé dans la vie !

Avant toute chose, qu'est-ce que le gluten ?

Présent dans de nombreuses céréales, le gluten est un mélange de protéines : les prolamines et les gluténines. Ce sont les prolamines qui sont toxiques pour les personnes intolérantes au gluten. Ces protéines sont présentes dans le blé (appelées alors gliadines), le seigle (sécalines), l'orge (hordéines) et l'avoine (avénines). Collantes, élastiques et antiagglomérantes, elles permettent notamment aux pains et aux gâteaux de gonfler.

Où le trouve-t-on ?

Dans l'avoine, le blé, le Kamut®, le boulgour, le grand épeautre, le petit épeautre, l'orge, que ce soit sous la forme de farines, d'amidon, de crème, de semoule et de flocons.

Pourquoi certaines personnes doivent-elles le mettre à l'index ?

La **maladie cœliaque** est une intolérance au gluten. Cette maladie se caractérise par une réaction inflammatoire de l'intestin grêle au contact du gluten. Croyant être agressé par un intrus, le système immunitaire détruit les villosités intestinales. Avec comme conséquences, diarrhées, malabsorption des aliments (vitamines, minéraux, autres protéines, glucides et lipides) et carences. Ballonnements, colites, transits irréguliers, fatigue chronique, migraines, affections cutanées ou de la sphère ORL à répétition doivent alerter. Consulter un médecin s'impose alors.

Quant à l'**allergie au blé**, c'est une réponse inadaptée du système immunitaire, qui se croit agressé par un antigène. Il produit de ce fait des anticorps de type igE. Cette réaction inadéquate peut être immédiate (choc anaphylactique, nausées, vomissements) ou non (asthme, eczéma, urticaire). Contrairement à la maladie cœliaque, l'allergie alimentaire s'attaque à ce qu'elle considère comme un intrus et non à son propre organisme.

Il n'est pas toujours nécessaire de souffrir de maladie cœliaque ni d'allergie pour vouloir exclure le gluten de son alimentation. En effet, nombre de naturopathes incitent aujourd'hui leurs patients à réduire sa consommation. Leur objectif est de revenir à une alimentation originelle, hypotoxique, préconisée notamment par le docteur Jean Seignalet (*L'Alimentation ou la Troisième Médecine*, éd. F.-X. de Guibert). Selon ce dernier, les céréales dotées de gluten ont été mutées. L'industrie agroalimentaire n'a eu de cesse de sélectionner de nouvelles céréales toujours plus riches en gluten de manière à créer des pâtes moelleuses et gonflées. Obtenues par de multiples hybridations, ces céréales modernes ont un code génétique modifié que nos enzymes digestives ne seraient pas capables de reconnaître.

Pour d'autres encore, il s'agit tout simplement de gagner en confort digestif ou de maigrir (Dr Peter J. D'Adamo, *4 groupes sanguins, 4 régimes*, éd. Michel Lafon).

Pour ma part, j'ajouterai la gourmandise comme motivation pour découvrir ces farines dépourvues de gluten. Elles ouvrent, en effet, un nouvel univers culinaire et gustatif qui allie créativité, plaisir et santé.

Bref, que ce soit pour des raisons de santé ou de bien-être (physique et psychique), il n'existe *a priori* aucune contre-indication à consommer des farines sans gluten. Si vous avez le choix, ne vous imposez pas pour autant un régime drastique excluant tout gluten. N'oubliez pas : l'alternance est une question de bon sens.

✦ Bannir le blé de son alimentation, pourquoi pas... Mais au profit de quoi ?

Les farines

Le riz, le quinoa, le sarrasin, les châtaignes, le millet, les pois chiches, les lentilles, le teff, le fonio, la noix de coco, les pépins de raisin, le souchet, le lupin, l'amarante, les lentilles, le soja, la pomme de terre, le maïs, l'arrow-root, le manioc, les azukis et les perles du Japon sont autant de céréales, de légumineuses et de fruits dénués de gluten qui peuvent se décliner en farines, fécules, flocons, grains, perles et crèmes. Des ingrédients qui ne manqueront pas d'égayer vos desserts.

Pour la réalisation des pains, pâtisseries et autres biscuits, mon incontournable est sans conteste la farine de riz. Douce en goût et en texture, particulièrement digeste, elle s'adapte à toutes les recettes. Seule ou associée à des farines aux saveurs particulières – telles que celles de châtaignes, de coco et de teff –, elle séduira vos papilles avec des saveurs bien plus riches que celles offertes par le blé. Et pour une note plus aérienne, n'hésitez pas à ajouter une touche de fécule ou d'arrow-root.

Les flocons et les crèmes

Variez les saveurs et les textures en incorporant dans vos préparations des flocons ou des crèmes. De la douceur sucrée de la châtaigne au parfum corsé du quinoa, les flocons égayeront vos crumbles, cookies, blinis et autres pâtisseries. Ils y ajouteront leur saveur et leur texture

« L'Épi de blé barré » pour une sécurité maximale

Même si toutes ces céréales et autres légumineuses sont naturellement sans gluten, elles ne sont pas pour autant sans danger pour les personnes intolérantes au gluten. Ces produits peuvent, en effet, avoir été contaminés lors du procédé de fabrication. La sécurité maximale revient aux produits marqués du logo montrant un épi de blé dans un cercle barré, une garantie de non-contamination mise en place et contrôlée par l'Afdiag. Association française des intolérants au gluten, 15, rue d'Hauteville, 75010 Paris, 01 56 08 08 22.

www.afdiag.fr

tantôt croquante tantôt moelleuse. Obtenues à partir de farines précuites, les crèmes seront vos alliées pour des entremets réussis. Attention, les crèmes de quinoa et de sarrasin ont un goût très prononcé, qui peut déplaire.

✦ Quelques conseils pratiques

Comment cuisiner tous ces ingrédients ?

Les farines sans gluten sont de véritables gourmandises. Chacune vous séduira avec son goût et son caractère particulier, à condition toutefois de les maîtriser.
Pour les biscuits, les muffins et les gâteaux, rien de bien compliqué. Sachez juste que ces farines absorbent un peu plus les liquides. Donc la proportion liquide doit être plus élevée que dans une recette « classique ». La farine de base est celle de riz blanc, seule ou mélangée à d'autres. Quant aux tartes, la première difficulté réside dans la mise en place du fond dans les moules. Rappelons que la pâte est dénuée de « colle », elle est donc friable et moins malléable que sa cousine au gluten. Il vous faudra prendre votre boule de pâte et l'étaler avec les doigts. Un plaisir régressif à souhait ! Deuxième opération à risque, le démoulage. Le plus simple est d'opter pour des moules à tartelette individuels. Autre danger, les tartes aux fruits qui « jutent ». Pour y faire face, prévoyez entre la pâte et les fruits une couche intermédiaire (telles que de la poudre d'amandes, de noisettes ou de pistaches), qui absorbera le jus.

Pour une conservation parfaite

Les farines, crèmes et flocons doivent être stockés à l'abri de la lumière, de l'air et de l'humidité. Personnellement, j'utilise des pots en verre hermétiquement fermés. Certains produits n'ont pas la même durée de vie, vérifiez toujours les dates de péremption sur l'emballage.

Des farines biologiques, un must !

Acheter des farines biologiques présente de nombreux avantages. Tout d'abord, elles jouissent d'une meilleure valeur nutritionnelle que leurs équivalents issus de l'agriculture conventionnelle. En consommant des farines biologiques exemptes de produits toxiques, vous respectez votre organisme et la Terre. L'agriculture biologique exclut, en effet, l'utilisation de produits chimiques contaminants (engrais, pesticides), non seulement pendant la culture, mais aussi lors du stockage des céréales. Autre atout (non négligeable pour les gourmands) : la qualité gustative préservée des céréales. Et comme si cela ne suffisait pas, le choix qu'offre le bio est bien plus vaste que dans le circuit traditionnel. Essayez donc de trouver une farine de riz ou de quinoa dans un supermarché...

Ni lait de vache ni huile de palme, et très peu d'œufs !

Toutes les recettes proposées dans ce livre sont réalisées sans produits laitiers de vache. Si vous voulez utiliser du lait de vache, gardez les mêmes proportions que leurs alternatives végétales. Choisissez une margarine végétale de bonne qualité, qui ne contient ni acide gras trans, ni matière grasse hydrogénée, ni huile de palme. Les personnes allergiques aux œufs se réjouiront de la présence de 28 desserts exempts d'œufs, signalés par ce pictogramme . Tous les ingrédients de ce livre sont vendus en magasins biologiques et sur Internet.

Douceurs fruitées

- Tartelettes meringuées au citron
- Perles du Japon aux fruits rouges
- Tartelettes aux framboises
- Muffins aux fruits rouges
- Muffins épicés aux poires
  et aux flocons de châtaigne caramélisés
- *Kissel* aux fraises
- Crumble coco à la mangue
- Gratin de millet aux prunes
- Gâteau pomme-cannelle
- Granola et velouté de brebis aux fruits des bois
- Clafoutis épicé aux pêches
- Crumble pommes-poires au fonio

Tartelettes meringuées au citron

Ingrédients pour la pâte

- 1 œuf
- 1 pincée de sel
- 50 g de sucre non raffiné
- 100 g de farine de riz
- 150 g de fécule de maïs
- 100 g de margarine végétale ramollie
- 2 gouttes d'huile essentielle de citron
- 1 noix de margarine végétale

Ingrédients pour la garniture

- 25 cl de « lait » végétal
- 15 cl de jus de citron
- 3 œufs
- 50 g de sucre non raffiné
- 25 g de fécule de maïs
- 2 c. à soupe de sucre glace

Pour 4 à 6 personnes
Préparation : 20 minutes
Cuisson : 15 minutes

1 Préchauffez le four à 200 °C (th. 7). Battez l'œuf, le sel et le sucre. Dans un saladier, tamisez les farines. Jetez-y la margarine coupée en cubes. Incorporez-la du bout des doigts pour obtenir une pâte à la consistance de crumble. Ajoutez l'œuf battu et l'huile essentielle de citron. Pétrissez la pâte, puis laissez-la reposer à l'air ambiant.

2 Étalez à la main la pâte dans 4 ou 6 moules à tartelette (selon leur grandeur) préalablement graissés. Piquez à l'aide d'une fourchette et déposez des feuilles de papier de cuisson parsemées de pois chiches. Faites cuire durant 10 minutes au four à 200 °C. Les fonds de tarte ne doivent pas se colorer.

3 Préparez la garniture : portez à ébullition le lait végétal et le jus de citron. Fouettez 3 jaunes d'œufs (réservez les blancs pour la meringue) avec le sucre. Incorporez la fécule, puis versez par-dessus le lait citronné tout en fouettant. Remettez sur feu doux sans cesser de mélanger, le temps que votre crème épaississe (maximum 2 minutes). Réservez au frais.
Pour votre meringue, fouettez les blancs en neige ferme. Ajoutez le sucre glace progressivement sans cesser de battre.

4 Garnissez les fonds de tartelettes avec la crème, puis la meringue. Enfournez à 150 °C (th. 5) le temps que la meringue prenne une jolie couleur dorée.

PAS
À PAS

perles du japon

...les perles du Japon

De l'Asie à l'Amérique du Sud en passant par la France, ces petites perles blanches trouvent leur place dans les plats salés et sucrés : *bubble-tea* taïwanais (thé sucré agrémenté de grosses perles parfumées), crêpes brésiliennes, soupe épaisse chinoise, bouillon de poule de nos grands-mères... Elles s'utilisent notamment dans les potages pour leur donner de la consistance. Dépourvues de gluten, très digestes et peu caloriques (354 kcal pour 100 g), les perles, qui deviennent translucides à la cuisson, méritent une place de choix au royaume des desserts. Elles existent en différentes tailles, les plus petites étant les plus fondantes et délicates pour confectionner des douceurs.

Perles du Japon aux fruits rouges

Ingrédients

+ 50 cl de « lait » de coco
+ 50 cl d'eau
+ 50 g de perles du Japon
+ 4 c. à soupe de sucre de canne complet

Ingrédients pour le coulis

+ 250 g de fruits rouges
+ 4 c. à soupe d'eau
+ 1 filet de sirop d'agave

Pour 4 personnes
Préparation : 10 minutes
Cuisson : 20-25 minutes

◗ Portez à ébullition le « lait » de coco et l'eau. Puis, versez en pluie les perles et le sucre complet. Mélangez. Poursuivez la cuisson à feu doux durant 15 à 20 minutes, jusqu'à ce que les perles soient translucides. Mélangez régulièrement.

◗ Pour votre coulis, faites cuire les fruits rouges à feu très doux avec les 4 cuillères à soupe d'eau durant 5 bonnes minutes. Mixez avec le sirop d'agave.

◗ Versez les perles dans de jolis verres et arrosez avec le coulis. Servez frais.

Et le tapioca ?

Cette recette se réalise très bien avec du tapioca, également issu de la fécule de manioc... En fait, le tapioca et les perles du Japon sont de la même famille. Le tapioca, moins travaillé, n'affiche pas les rondeurs parfaites des perles. Quant au résultat, il sera un brin plus gélatineux.

Tartelettes aux framboises

▶ Préchauffez le four à 180 °C (th. 6). Positionnez votre pâte dans les moules à tartelette préalablement graissés. Piquez les fonds avec une fourchette, déposez-y une feuille de papier de cuisson parsemée de pois chiches ou de riz. Enfournez pour 10 à 15 minutes.

▶ Réduisez la moitié des framboises en purée, incorporez le sirop d'agave. Parsemez les fonds de tartelette avec la poudre d'amandes et versez par-dessus la purée. Déposez ensuite les framboises entières.

▶ Faites fondre la gelée de groseilles dans une petite casserole. Badigeonnez-en les fruits à l'aide d'un pinceau. Décorez avec des pistaches concassées.

Ingrédients

✦ 1 pâte brisée sans gluten *(voir encadré)*
✦ 1 noix de margarine végétale
✦ 400 g de framboises
✦ 4 c. à soupe de sirop d'agave
✦ 6 c. à soupe de poudre d'amandes
✦ 100 de gelée de groseilles
✦ 1 poignée de pistaches concassées

Pour 6 personnes
Préparation : 15 minutes
Cuisson : 10-15 minutes

Pâte brisée sans gluten

Pour réaliser votre pâte brisée : 250 g de farine de riz, 70 g de sucre, 1 pincée de sel, 8 cl d'huile d'olive, 8 cl d'eau bouillante et 1/2 cuillère à café de poudre à lever sans gluten. Mélangez tous les ingrédients jusqu'à l'obtention d'une pâte homogène et formez une boule. Cette pâte ne nécessite aucun temps de repos. Si le temps (ou l'envie) vous manque pour réaliser votre pâte à tarte maison, pas de problème. Il en existe désormais sans gluten au rayon frais de certains magasins bio.
Cette recette est également excellente avec une pâte sablée. Pour la réaliser, il vous faudra 250 g de farine de riz, 1 œuf, 50 g de sucre, 100 g de margarine végétale ramollie (ou 10 cl d'huile d'olive) et 1 pincée de sel. Incorporez avec les doigts la margarine à la farine. Ajoutez l'œuf, le sel et le sucre. Malaxez, formez une boule et laissez reposer 30 minutes.

farine de châtaigne

...la farine de châtaigne

Star de la cuisine corse, cette farine est obtenue par la mouture de châtaignes séchées. Riche en glucides lents, la châtaigne affiche une teneur élevée en fibres, minéraux et vitamines. À cela s'ajoutent des protéines végétales et de bons acides gras.

Son goût (doux, légèrement fumé, amer) et sa texture (fine, granuleuse) peuvent varier en fonction notamment des fruits utilisés et du type de séchage. Ne l'utilisez jamais pure, associez-la avec une farine au goût plus neutre, comme celle de riz.

Cette farine est parfaite pour tous les desserts : des crêpes aux gâteaux, en passant par les fonds de tarte, les crèmes et le pain.

Muffins aux fruits rouges

Ingrédients

- 160 g de farine de riz
- 70 g de farine de châtaigne
- 2 c. à soupe d'arrow-root
- 10 g de poudre à lever sans gluten
- 100 g de sucre de canne blond
- 1 pincée de sel
- 8 cl d'huile d'olive
- 10 cl de « lait » de riz (nature ou parfumé à la vanille)
- 100 g de yaourt de chèvre
- 250 g de fruits rouges

Pour 6 à 8 muffins
Préparation : 5 minutes
Cuisson : 25 minutes

▶ Préchauffez le four à 180 °C (th. 6).

▶ Dans un grand saladier, mélangez les farines, l'arrow-root, la poudre à lever, le sucre et le sel.

▶ Ajoutez-y l'huile d'olive, le « lait » de riz et le yaourt de chèvre. Mélangez grossièrement.

▶ Incorporez les fruits rouges à votre préparation.

▶ Versez la pâte dans des moules à muffins. Enfournez pour 25 minutes. Les muffins doivent être dorés. Ils se dégustent tièdes ou froids.

Variantes

Vous pouvez également réaliser cette recette avec des œufs. Remplacez alors le yaourt de chèvre par 2 œufs. Vous n'avez plus de farine de châtaigne ? Utilisez de la fécule de pomme de terre. Si la présence de l'huile d'olive vous paraît incongrue dans un dessert, vous pouvez opter pour la margarine végétale. Comptez-en 80 g.

Muffins épicés aux poires et aux flocons de châtaigne caramélisés

Ingrédients

◆ 2 poires
◆ 100 g de margarine végétale
◆ 50 g de flocons de châtaigne
◆ 60 g de rapadura
◆ 1 c. à café de cannelle
◆ 1 pincée de gingembre
◆ 210 g de farine de riz
◆ 30 g de farine de souchet
◆ 7 g de poudre à lever sans gluten
◆ 1 pincée de sel
◆ 2 œufs
◆ 15 cl de « lait » de soja

Pour une dizaine de muffins
Préparation : 15 minutes
Cuisson : 25 minutes

◗ Préchauffez le four à 190 °C (th. 6). Épluchez et coupez les poires en dés. Mettez une belle noix de margarine à fondre, ajoutez les morceaux de poires, les flocons de châtaigne et le rapadura. Saupoudrez de cannelle et de gingembre. Remuez, faites cuire sur feu doux pendant 5 minutes. Dans une autre poêle, faites fondre le reste de margarine. Laissez refroidir.

◗ Dans un saladier, mélangez les farines, la poudre à lever et le sel. Formez un puits. Battez les œufs avec le « lait ». Versez-les dans le puits, ainsi que la margarine fondue et les poires aux flocons de châtaigne caramélisées. Mélangez rapidement avec une cuillère. Ne cherchez pas à obtenir une pâte homogène, elle doit rester grumeleuse. Il en va de la réussite des muffins. N'hésitez pas à ajouter un peu de « lait » végétal pour fluidifier une pâte trop sèche.

◗ Avec une cuillère à soupe, déposez cette pâte grossière dans des ramequins individuels préalablement graissés, en les remplissant aux trois quarts.

◗ Enfournez 20 à 25 minutes, jusqu'à ce que les muffins soient dorés. Vérifiez la cuisson en enfonçant un couteau pointu dans l'un des petits cakes : il doit ressortir sec. Attendez quelques minutes avant de démouler.

La farine de souchet

Dénuée de gluten, la farine de souchet est obtenue à partir d'un tubercule. Sa saveur douce, qui rappelle celle de l'amande, en fait un ingrédient gourmand pour réaliser gâteaux, granola, crêpes et pains. À mélanger notamment avec les farines de riz et de millet.

ZOOM
SUR

...l'arrow-root

Cette fine fécule blanche est extraite d'une plante tropicale d'Amérique Centrale, la maranta. Baptisé « racine à flèche », l'arrow-root aurait été utilisé par les Indiens pour extraire le poison des blessures causées par les flèches empoisonnées. D'un goût neutre, il permet d'épaissir les préparations salées et sucrées. Il fait merveille pour les entremets et les crèmes desserts. On peut également l'utiliser dans les pâtisseries sans gluten. Il est indispensable de le délayer dans un peu de liquide avant de l'incorporer dans la préparation chaude. Très digeste et doté de propriétés nutritionnelles intéressantes, l'arrow-root est une excellente alternative aux fécules de maïs et de pomme de terre.

arrow root

Kissel aux fraises

Ingrédients

- 250 g de fraises
- Jus de 1/2 citron
- 1 c. à soupe de sucre de canne blond
- 35 cl de jus de fraise
- 2 c. à soupe d'arrow-root
- 40 cl d'eau

Pour 6 personnes
Préparation : 10 minutes
Cuisson : 10 minutes

▶ Lavez les fraises. Équeutez-les et coupez-les en petits dés. Arrosez-les avec le jus du demi-citron, mélangez avec le sucre. Réservez.

▶ Délayez l'arrow-root dans le jus de fraise. Versez-le dans une casserole avec l'eau. Portez à ébullition sans cesser de remuer. Ajoutez les fraises, prolongez la cuisson jusqu'à ce que la préparation épaississe.

▶ Répartissez dans des coupelles, réservez au frais.

Un dessert traditionnel russe

Cette gelée de fruits se réalise la plupart du temps avec des fruits rouges (frais, en conserve ou même congelés). Il se mange tiède ou frais. Vous pouvez l'accompagner de « crème chantilly » végétale, de yaourt de soja nature ou d'un velouté de brebis.

Crumble coco à la mangue

Ingrédients

- ◆ 120 g de farine de riz
- ◆ 40 g farine de coco
- ◆ 100 g de sucre de canne complet
- ◆ 40 g de noix de coco râpée
- ◆ 80 g de margarine végétale
- ◆ 2 mangues bien mûres

Pour 4 personnes
Préparation : 10 minutes
Cuisson : 30 minutes

1 Préchauffez le four à 190 °C (th. 6). Dans un saladier, mélangez les farines, le sucre, la noix de coco râpée.

2 Coupez la margarine en dés et jetez-la dans les ingrédients secs. Mélangez avec les doigts.

3 Pelez et émincez les fruits. Répartissez-les dans des plats à gratin individuels, versez le crumble par-dessus. Tassez légèrement avec les doigts.

4 Faites cuire 25 à 30 minutes.

Margarine : le bon choix
Bannissez les margarines industrielles contenant des graisses trans ou hydrogénées. Trafiquées, chauffées à haute température, elles n'apportent rien de bon. Optez pour les margarines végétales non hydrogénées. Restez toutefois vigilant : certaines margarines allégées peuvent contenir du gluten, notamment sous forme de liant.

Gratin de millet aux prunes

Ingrédients

- 200 g de semoule de millet
- 60 cl de « lait » de noisettes
- 20 g de sucre complet
- 2 c. à soupe de farine de pépins de raisin
- 2 jaunes d'œuf
- 200 g de quetsches

Pour 4 personnes
Préparation : 10 minutes
Cuisson : 30 minutes

◗ Préchauffez le four à 180 °C (th. 6). Dans une casserole, délayez la semoule avec le « lait » de noisettes. Ajoutez le sucre et la farine de pépins de raisin. Chauffez à feu doux en remuant, jusqu'à ce que la semoule gonfle. Attendez que la préparation tiédisse. Incorporez les jaunes.

◗ Lavez les quetsches, coupez-les en deux et dénoyautez-les. Placez-les dans des ramequins individuels préalablement graissés. Versez par-dessus la crème de millet, enfournez durant 20 à 25 minutes. Dégustez tiède.

La farine de pépins de raisin

Produite à partir des tourteaux (résidus de l'extraction) de pépins, la farine de pépins de raisin est exempte de gluten. Excellente source d'antioxydants, elle s'incorpore en petites quantités dans les pains, les mueslis, les crêpes et les crèmes desserts.

...le millet

Le millet, également appelé *mil* et *sorgho*, appartient à la famille des graminées. Vous le trouverez sous différentes formes : grains, flocons, semoule, farine, crème et lait. Très digeste, cette céréale est une excellente source de protéines, de vitamines (A, B) et de minéraux (principalement magnésium et fer). Elle est réputée pour ses propriétés vitalisantes, minéralisantes et reconstituantes. Alcanisant, le millet contribue au bon équilibre acido-basique de notre organisme. Côté desserts, sa saveur douce et son goût subtil permettent de nombreuses associations : fruits, vanille, oléagineux (noix, amandes, noisettes), chocolat, miel ou encore sirop d'érable.

Gâteau pomme-cannelle

Ingrédients pour le caramel

+ 50 g de sucre
+ 15 cl de crème végétale liquide

Ingrédients pour le gâteau

+ 3 pommes
+ 2 c. à café de cannelle
+ 160 g de farine de riz
+ 70 g de farine de châtaigne
+ 2 c. à soupe d'arrow-root
+ 7 g de poudre à lever sans gluten
+ 100 g de sucre de canne blond
+ 1 pincée de sel
+ 100 g de compote de pommes
+ 8 cl d'huile d'olive
+ 10 cl de « lait » de riz

Pour 6 personnes
Préparation : 15 minutes
Cuisson : 30 minutes

1 Préchauffez le four à 180 °C (th. 6). Préparez un caramel : faites chauffer le sucre à sec. Quand il est brun, ajoutez la crème végétale liquide hors du feu. Remettez sur le feu pour liquéfier votre caramel.

2 Pelez les pommes, coupez-les en dés. Mélangez-les au caramel et ajoutez la cannelle. Déposez une partie des fruits dans le fond d'un moule à manqué préalablement graissé.

3 Mélangez tous les ingrédients secs : les farines, l'arrow-root, la poudre à lever, le sucre et le sel. Ajoutez la compote, le reste des pommes au caramel et l'huile d'olive. Versez le « lait » de riz par-dessus. Mélangez juste assez pour former une pâte moelleuse. Inutile de « travailler » la pâte, sinon elle gonflerait moins bien.

4 Versez la pâte sur le fond de pommes au caramel. Enfournez pendant 30 minutes jusqu'à ce que le gâteau soit doré. Démoulez.

soja

quinoa

sarrasin

m.

châtaigne

flocons

r

sans glut

ZOOM SUR

...les flocons sans gluten

Céréales, fruits et légumineuses sans gluten se déclinent en farines, mais également en flocons. Vous trouverez en magasin bio une large gamme de choix : millet, sarrasin, riz, châtaigne, pois chiche, quinoa, soja, etc.

Après avoir été cuits à la vapeur et aplatis, les grains de céréales (ou de légumineuse) sont séchés. C'est ainsi que naissent les flocons. Ils sont vendus sous deux formes, toastés (ce qui les rend plus croustillants) ou non. Ils sont parfaits pour ceux qui manquent de temps. Grâce à eux, ils réaliseront des crumbles et des puddings express. Les flocons sont utiles pour alléger une pâte à gâteau : deux cuillères à soupe et le tour est joué.

Précuits à la vapeur douce, les flocons offrent une qualité nutritionnelle intéressante.

Granola et velouté de brebis aux fruits des bois

Variez les fruits secs

N'hésitez pas à enrichir votre granola avec toutes sortes de fruits secs, de graines et d'oléagineux. Utilisez notamment des raisins, des pruneaux, des dattes, des abricots, des amandes, du lin, du potiron, de la noix de coco, etc. Variez également les épices : cannelle, gingembre, anis et cardamome font des merveilles. Remplacez l'eau par du jus de pomme, de poire ou d'orange.

Ingrédients pour le granola

- 40 g de sirop de riz
- 10 cl d'eau
- 50 g de flocons de châtaigne
- 50 g de flocons de riz
- 30 g de graines de tournesol
- 30 g de noisettes concassées
- 30 g de canneberges sèches
- 1 pincée de vanille
- 2 c. à soupe d'huile d'olive

Ingrédients pour l'accompagnement

- 200 g de fruits rouges
- 2 c. à soupe de sucre
- Le jus de 1/2 citron
- 200 g de velouté de brebis

Pour 4 personnes
Préparation : 10 minutes
Cuisson : 30 minutes

❱ Préchauffez le four à 160 °C (th. 5). Chauffez le sirop de riz et l'eau. Mélangez les ingrédients secs dans un saladier. Versez par-dessus l'eau sucrée, l'huile d'olive et mélangez bien.

❱ Étalez cette préparation sur une plaque à pâtisserie recouverte de papier de cuisson. Enfournez durant 30 minutes. Émiettez de temps à autre. Quand votre granola est doré, laissez-le refroidir.

❱ Pour l'accompagnement, mélangez les fruits avec le sucre et le jus de citron. Au moment de servir, garnissez le fond de chaque coupelle avec le granola, versez le velouté de brebis et terminez par la salade de fruits rouges.

Clafoutis épicé aux pêches

Ingrédients

✦ 500 de pêches
✦ 4 œufs
✦ 100 g de sucre de canne blond
✦ 1 pincée de mélange 4 épices
✦ 60 g de margarine végétale
✦ 25 cl de « lait » d'amandes
✦ 50 g de farine de riz
✦ 50 g de fécule de pomme de terre
✦ 1 pincée de sel
✦ 1 poignée d'amandes effilées

Pour 6 personnes
Préparation : 10 minutes
Cuisson : 35 minutes

▶ Préchauffez le four à 180 °C (th. 6). Pelez les pêches et coupez-les en deux (ou en quartiers). Disposez-les dans le fond d'un plat graissé.

▶ Dans un saladier, fouettez les œufs avec le sucre et les épices. Ajoutez petit à petit la margarine fondue, le « lait » d'amandes, la farine, la fécule de pomme de terre et le sel. La pâte doit avoir la consistance d'une crème épaisse.

▶ Versez sur les fruits et enfournez pour 30 à 35 minutes. 4 minutes avant la fin, parsemez le clafoutis avec les amandes effilées.

▶ À déguster froid. C'est ainsi que le clafoutis offre le meilleur de sa saveur.

Clafoutis tutti-frutti !
Le clafoutis aime tous les fruits. À vous de jouer avec les saisons !
Remplacez l'association farine de riz et fécule par celles de farines de riz et châtaigne, ou de poudre d'amandes (100 g) et arrow-root (3 c. à soupe).

ZOOM SUR

...le fonio

Cette céréale africaine se présente sous forme de petits grains ronds, bruns et parfumés. D'un point de vue botanique, il s'agit d'une graminée parfaitement adaptée aux zones sèches et pauvres. Très digeste, le fonio est riche en fibres et dénué de gluten. Il renferme deux précieux acides aminés (méthionine et cystéine) essentiels à la santé humaine. On lui attribue des vertus hypotensives et antidiabétiques. Depuis quelques années, il est possible d'acheter du fonio bio, en semoule fine et en farine. Son petit goût boisé est parfait pour la pâtisserie, le pain et les crêpes.

fonio

Crumble pommes-poires au fonio

Ingrédients

- 2 poires
- 2 pommes
- 2 cm de gingembre frais
- Jus de 1/2 citron
- 2 c. à soupe de miel
- 50 g de farine de fonio
- 70 g de farine de riz
- 60 g de poudre d'amandes
- 60 g de sucre de canne complet
- 80 g de margarine végétale

Pour 4 à 6 personnes
Préparation : 10 minutes
Cuisson : 30 minutes

❱ Pelez les fruits, évidez-les et coupez-les en dés. Pelez et râpez le gingembre par-dessus. Arrosez avec le jus du demi-citron. Mélangez avec le miel. Répartissez les fruits dans un plat graissé allant au four.

❱ Préchauffez le four à 180 °C (th. 6). Dans un saladier, mélangez les farines, la poudre d'amandes et le sucre. Coupez la margarine en dés, jetez-la dans les ingrédients secs. Mélangez avec les doigts.

❱ Versez le crumble sur les fruits. Tassez légèrement avec les doigts. Faites cuire 25 à 30 minutes. Servez tiède ou froid.

Variante au rapadura
Le rapadura, sucre de canne complet, séduit par sa belle couleur chaude et son parfum suave qui évoque la réglisse.

Petit-déjeuner ou goûter

- Tarte US au sirop d'érable et aux noix de cajou
- Petits moelleux aux noisettes
- Gâteau aux carottes et sa crème au « beurre »
- Petits pains aux graines de pavot et au miel
- Pain du dimanche matin aux fruits
- Pain d'épices
- Biscuits indiens
- Madeleines au thé rouge et à la vanille
- Croquants aux dattes
- Cake à l'orange et au gingembre
- Cannelés
- Pudding du chômeur

farine de noix de coco

...la farine de noix de coco

Voici une farine très intéressante pour les desserts. Associée à une autre farine au goût plus neutre (riz, fécule...), elle enrichira vos desserts de son goût sucré typé.

Jetez-en une petite poignée dans votre pâte à pain et il gagnera en goût et texture.

Vous pouvez également réaliser un « lait » végétal express en diluant cette farine avec de l'eau. Vous obtiendrez un « lait » de coco dégraissé parfait pour une crème dessert, un chocolat chaud ou encore pour accompagner vos céréales.

Autre avantage : produite à partir de chair de noix de coco biologique, cette farine est riche en fibres et en protéines. De plus, elle affiche un faible index glycémique. De quoi séduire les gourmands désireux de perdre du poids...

Tarte US au sirop d'érable et aux noix de cajou

Variez les noix !
Cette tarte peut être servie froide ou tiède, avec une boule de glace à la vanille. Vous pouvez remplacer les noix de cajou par d'autres noix (pécan, Périgord, etc.).

Ingrédients pour la pâte

- 200 g de farine de riz
- 50 g de farine de noix de coco
- 50 g de sucre de canne complet
- 1/2 c. à café de sel
- 1/2 c. à café de poudre à lever sans gluten
- 8 cl d'huile d'olive
- 8 cl d'eau bouillante

Ingrédients pour la garniture

- 70 g de margarine végétale
- 5 œufs
- 110 g de sirop d'érable
- 1 c. à soupe de farine de riz
- 200 g de noix de cajou
- 1 noix de margarine pour le moule

Pour 6 personnes
Préparation : 10 minutes
Cuisson : 50 minutes

❥ Dans un saladier, mélangez les farines, le sucre, le sel et la poudre à lever. Ajoutez l'huile d'olive et l'eau bouillante. Malaxez le tout jusqu'à obtenir une pâte homogène, formez une boule. Étalez la pâte avec les doigts dans un moule à tarte préalablement graissé et piquez-la avec une fourchette. Réservez au frais pendant que vous préparez la garniture.

❥ Préchauffez le four à 200 °C (th. 6-7). Faites fondre la margarine sur feu doux, puis laissez tiédir. Dans un saladier, battez les œufs avec le sirop d'érable et la farine jusqu'à l'obtention d'un mélange homogène. Ajoutez la margarine fondue et mélangez.

❥ Tapissez le fond de tarte avec les noix de cajou, versez le flan au sirop d'érable par-dessus. Mettez au four durant 50 minutes à 200 °C (th. 6-7). À mi-cuisson, baissez la température du four à 180 °C (th. 6). Le flan au sirop doit avoir pris et la tarte être bien dorée.

Petits moelleux aux noisettes

Ingrédients

◆ 3 œufs
◆ 80 g de margarine végétale
◆ 100 g de sucre de canne complet
◆ 2 c. à soupe de purée de noisettes
◆ 1 c. à café de poudre à lever sans gluten
◆ 150 g de farine de riz
◆ 100 g de noisettes en poudre

Pour 8 moelleux
Préparation : 10 minutes
Cuisson : 30 minutes

❱ Battez les blancs en neige, réservez les jaunes.

❱ Mélangez la margarine fondue et le sucre. Ajoutez les jaunes d'œuf, puis la purée de noisettes, la poudre à lever, la farine et les noisettes en poudre.

❱ Incorporez les blancs en neige.

❱ Versez la préparation dans des ramequins individuels préalablement graissés et faites cuire à la vapeur pendant 30 minutes.

Et aux amandes ?
Tout aussi délicieux : des moelleux aux amandes. Pour ce faire, utilisez de la purée et de la poudre d'amandes. Plus gourmande encore, la version noix de cajou !

Gâteau aux carottes et sa crème au « beurre »

Crème au yaourt de chèvre
Vous pouvez également réaliser une garniture à base de yaourt de chèvre nature (100 g). Ajoutez-y 2 gouttes d'huile essentielle de citron et 30 g de sucre glace (sans gluten).

Ingrédients pour le gâteau

- 100 g de margarine végétale
- 200 g de carottes
- 3 œufs
- 120 g de sucre de canne complet
- 50 g de compote de pommes
- 150 g de farine de riz
- 50 g de farine de teff
- 7 g de poudre à lever sans gluten
- 1 c à café de gingembre
- 1 c. à café de cannelle
- 1 pincée de sel
- 70 g de noix de pécan concassées

Ingrédients pour la crème

- 2 c. à soupe de purée de noix de macadamia
- 100 g de « yaourt » de soja
- 2 c. à café de crème de soja lactofermentée
- 4 c. à soupe de sirop d'agave

Pour 6 personnes
Préparation : 10 minutes
Cuisson : 45 minutes

❱ Préchauffez le four à 180 °C (th. 6). Faites fondre la margarine à feu doux. Laissez refroidir.

❱ Lavez et râpez les carottes.

❱ Dans un saladier, fouettez les œufs avec le sucre jusqu'à ce qu'ils blanchissent. Incorporez la margarine fondue et la compote de pommes.

❱ Mélangez les farines, la poudre à lever, les épices et le sel. Formez un puits, versez-y le mélange aux œufs. Ajoutez les carottes et les noix de pécan. Mélangez jusqu'à l'obtention d'une pâte homogène. Versez cette pâte dans un moule à manqué préalablement graissé.

❱ Faites cuire au four durant 35 à 45 minutes. Vérifiez la cuisson en enfonçant un couteau pointu au centre du gâteau : il doit ressortir sec.

❱ Pour la crème au « beurre » : mélangez la purée de noix avec le « yaourt » de soja, la crème de soja lactofermentée et le sirop d'agave. Réservez au frais au moins 30 minutes.

❱ Démoulez votre gâteau dès qu'il est froid, coupez-le horizontalement en deux disques égaux et garnissez avec la crème.

teff

...la farine de teff

Originaire d'Afrique, la teff est une graine de la famille céréalière du mil, l'une des plus petites au monde. Elle sert de base à l'alimentation éthiopienne où elle se consomme sous forme de grande crêpe, l'*injera*. Source importante de protéines d'excellente qualité, la farine de teff est riche en calcium et fer. Elle est intéressante pour les fonds de tarte et les crêpes auxquelles elle apporte élasticité. De ce fait, elle les rend plus faciles à travailler. Son goût agréable s'harmonise également avec les biscuits et les pains. Elle s'associe avec la farine de riz, qui doit être majoritaire.

Petits pains aux graines de pavot et au miel

Ingrédients

- ✦ 100 g de farine de riz
- ✦ 50 g de farine de maïs
- ✦ 50 g de farine de soja
- ✦ 7 g de poudre à lever sans gluten
- ✦ 1 pincée de sel
- ✦ 1 à 2 c. à café de graines de pavot
- ✦ 2 c. à soupe de miel liquide
- ✦ 100 g de « yaourt » de soja nature
- ✦ 1 filet d'huile d'olive

Pour 6 petits pains
Préparation : 5 minutes
Cuisson : 25 minutes

1 Mettez tous les ingrédients dans le bol d'un mixeur. Mélangez jusqu'à l'obtention d'une boule de pâte.

2 Divisez votre pâte en 6 parts. Moulez des petits pains ronds et aplatissez-les légèrement.

3 Posez les pains sur une plaque de cuisson recouverte de papier de cuisson.

4 Dans un four non préchauffé, enfournez-les durant 20 à 25 minutes à 180 °C (th. 6).

Astuces

Ces petits pains sont délicieux dès la sortie du four. S'il vous en reste (serait-ce possible ?), mettez-les directement au congélateur. Vous pouvez remplacer les graines de pavot par des graines de tournesol, de lin ou du sésame. Ajoutez des dés de figues, d'abricots secs, de dattes, des noisettes concassées...
Optez pour un papier de cuisson biologique. Contrairement au sulfurisé conventionnel (traité notamment à l'acide sulfurique), il est non blanchi, microporeux et recyclable. On peut le composter puisqu'il est exclusivement à base de cellulose. Économique, il est réutilisable plusieurs fois.

1

2

PAS
À PAS

3

4

ZOOM SUR

...la poudre à lever et la levure sans gluten

Substitut de la levure chimique, la poudre à lever sans gluten (et sans phosphates bien entendu) contient des agents levants mélangés à de l'amidon de maïs ou de la fécule de pomme de terre. Elle doit être mêlée aux ingrédients secs. Parfaite pour les pâtisseries, elle ne nécessite pas de temps de repos.

Pour les pains, préférez-lui la levure de boulangerie (fraîche ou déshydratée). Cela donnera à votre pain une mie plus aérée. La levure est normalement sans gluten, sauf contamination. Certaines marques en vendent avec la garantie sans gluten. La levure doit être diluée dans un liquide tiède et nécessite un temps de repos pour que la fermentation puisse se faire.

Autres solutions pour un pain goûteux, les levains de quinoa ou de sarrasin qui exigent également un temps de repos. Ces levains sans gluten sont issus d'une fermentation naturelle. Ils se présentent sous forme de poudre à mélanger avec votre farine.

Pain du dimanche matin aux fruits

Quelques variantes
Essayez cette recette également avec des oranges confites.
Remplacez les farines de sarrasin et de châtaigne par celles de millet (100 g) et de pépins de raisin (50 g), ainsi que par de la fécule de pomme de terre (50 g).

Ingrédients

- 6 g de levure de boulanger sans gluten
- 2 c. à soupe de miel
- 15 cl de « lait » de soja tiède
- 150 g de farine de riz
- 100 g de farine de sarrasin
- 100 g de farine de châtaigne
- 1 c. à café d'épices à spéculoos
- ½ c. à café de sel
- 50 g de noisettes (ou noix)
- 50 g de dattes (ou figues, pruneaux) coupées en petits dés
- 50 g de raisins secs
- 1 c. à soupe de kirsch
- 50 g de margarine ramollie

Pour 1 pain
Préparation : 10 minutes
Repos : 1 heure
Cuisson : 45 minutes

❱ Délayez la levure avec le miel dans un peu de « lait » de soja tiède. Attendez que le mélange soit mousseux.

❱ Pendant ce temps, mélangez dans un grand saladier les farines, les épices et le sel. Formez un puits. Versez-y la levure. Mélangez et ajoutez les fruits, le kirsch, la margarine et le restant de lait tiède. Mélangez bien ; la pâte doit être homogène, ni trop sèche ni coulante pour autant.

❱ Graissez une cocotte et laissez reposer pendant 1 heure près d'une source de chaleur douce (au four à très basse température, près d'un radiateur, d'une fenêtre ensoleillée...).

❱ Préchauffez le four à 190 °C (th. 7), fermez la cocotte et faites cuire durant 45 minutes. Pour savoir si votre pain est cuit, enfoncez la lame d'un couteau en son milieu. Elle doit ressortir propre.

Pain d'épices

Ingrédients

- 250 g de farine de châtaigne
- 50 g de farine de riz
- 7 g de poudre à lever sans gluten
- 100 g de sucre muscovado (ou rapadura)
- 2 c. à café d'un mélange d'épices (cannelle, anis, coriandre et gingembre)
- 1 pincée de sel
- 130 g de miel liquide
- 20 cl de « lait » d'amandes
- 2 c. à soupe d'oranges confites
- 1 noix de margarine végétale pour le moule

Pour 1 pain
Préparation : 5 minutes
Repos : 30 minutes
Cuisson : 40 minutes

❱ Préchauffez le four à 190 °C (th. 6). Dans un grand saladier, mélangez les farines, la poudre à lever, le sucre muscovado, les épices et le sel. Ajoutez le miel liquide, le « lait » d'amandes et les oranges confites en dés. Mélangez et laissez reposer 30 minutes.

❱ Versez le mélange dans un moule à cake préalablement graissé. Mettez au four pour 40 minutes. Vérifiez la cuisson en enfonçant un couteau pointu au centre du pain d'épices : il doit ressortir sec.

❱ Laissez refroidir avant de démouler. Emballé dans un torchon, ce pain d'épices se conservera très bien plusieurs jours.

Préparez vos épices

Ce mélange d'épices est à l'origine du succès des spéculoos, célèbres biscuits belges.
Réalisez vous-même votre mélange en fonction de vos goûts. Vous pouvez y ajouter également de la badiane, du girofle et de la muscade.
D'une belle couleur foncée, le muscovado est un sucre de canne complet qui séduit par son goût très marqué de réglisse. Non raffiné, ce sucre (également connu sous le nom de « rapadura ») est du pur jus de canne déshydraté. Contrairement au sucre complet, il n'a pas été cristallisé. Riche en micronutriments (notamment fluor et magnésium), il est bon pour les dents !

...la farine de pois chiche

ZOOM SUR

D'une belle couleur jaune et d'une texture fine, cette farine sans gluten est réalisée à partir de pois chiches séchés. C'est une excellente source de protéines, de fibres, de vitamines (B, E) et de minéraux (manganèse, cuivre, phosphore, fer, zinc). On la recommande notamment dans la lutte contre certaines maladies du tube digestif, ainsi que dans la prévention de certains cancers et maladies cardiovasculaires.

Star des cuisines provençales et indiennes, la farine de pois chiche jouit d'une saveur discrète. C'est un ingrédient de choix pour la réalisation de nombreux desserts sans gluten tels que beignets, crêpes, tartes et biscuits. Un conseil pour profiter pleinement de sa note délicieusement croquante et parfumée : mélangez-la avec une farine au goût neutre (riz, arrow-root, etc.).

farine
de
pois chiche

Biscuits indiens

Ingrédients

+ 125 g de margarine végétale
+ 100 g de farine de pois chiche
+ 50 g de noix de coco râpée
+ 1/ 2 c. à café de cannelle
+ 75 g de sucre glace

Pour 4 personnes
Préparation : 5 minutes
Cuisson : 20 minutes

▶ Faites fondre la margarine à feu doux. Ajoutez la farine petit à petit, mélangez. Faites cuire 15 à 20 minutes, sans cesser de remuer. Le mélange devenu onctueux se teinte joliment en brun.

▶ Hors du feu, ajoutez la noix de coco, la cannelle et le sucre. Laissez refroidir quelques minutes avant de confectionner des boulettes à la main.

▶ Réservez au frais au moins 1 heure. Un délice à déguster lors du *tea time*.

Variantes

Grands classiques des cuisines indienne et pakistanaise, ces biscuits (appelés *laddu* en indien) peuvent également se réaliser avec des amandes, des noix ou des pistaches hachées.
Côté épice, vous pouvez ajouter ½ cuillère à café de noix de muscade. Quant à la margarine, vous pourrez la remplacer par du *ghee*, beurre clarifié indien.

Madeleines au thé rouge et à la vanille

Ingrédients

✦ 100 g de margarine végétale ramollie
✦ 100 g de sucre de canne blond
✦ 2 gros œufs
✦ 150 g de farine de riz
✦ 1 c. à soupe de poudre à lever sans gluten
✦ 2 c. à café de rooibos finement moulu (voir encadré)
✦ 1/2 c. à café d'extrait de vanille
✦ 1 pincée de sel

Pour une vingtaine de madeleines
Préparation : 5 minutes
Cuisson : 5 à 10 minutes

▶ Faites fondre la margarine à feux doux.

▶ Dans un saladier, mélangez énergiquement le sucre avec les œufs.

▶ Incorporez la farine, la poudre à lever, le rooibos, la margarine fondue, la vanille et le sel. Mélangez.

▶ Préchauffez le four à 180 °C (th. 6). Versez la pâte dans des moules à madeleines en ne les remplissant qu'à moitié. Faites cuire jusqu'à ce que les madeleines soient gonflées et dorées. Attention, la cuisson est très rapide : moins de dix minutes.

Le rooibos

Boisson nationale d'Afrique du Sud, le rooibos est dépourvu de théine. Rafraîchissant et tonifiant, il séduit par son arôme sucré et intense. Au moment du goûter hivernal, dégustez vos madeleines avec une délicieuse tasse de rooibos aromatisé à la vanille. En été, savourez vos petits gâteaux avec un grand verre de rooibos aux fruits bien frais.

sarrasin

...la farine de sarrasin

ZOOM SUR

Connu également sous le nom de blé noir, le sarrasin est une pseudocéréale qui appartient à la famille des polygonacées (rhubarbe, oseille). Originaire d'Asie, il doit sa réputation gourmande aux galettes bretonnes, aux soba (nouilles japonaises) ou encore à la kasha (porridge russe).

Digeste et exempt de gluten, le sarrasin est une bonne source de fibres, de minéraux (cuivre, magnésium), de vitamines du groupe B et d'antioxydants. Il est réputé pour ses propriétés reminéralisantes, hypocholestérolémiantes et son pouvoir satiétogène.

Côté dessert, son goût rustique s'associe aux fruits, aux épices (surtout la cannelle), aux oléagineux, ainsi qu'au chocolat.

Croquants aux dattes

Ingrédients

- ✦ 125 g de margarine végétale
- ✦ 80 g de sucre de canne complet
- ✦ 40 g de pâte de dattes
- ✦ 125 g de farine de riz
- ✦ 75 g de farine de sarrasin
- ✦ 50 g de farine de souchet
- ✦ 2 c. à café de poudre à lever sans gluten
- ✦ 1 pincée de sel
- ✦ 40 g de poudre d'amandes
- ✦ 1 c. à soupe de cannelle en poudre

Pour une quinzaine de biscuits
Préparation : 10 minutes
Réfrigération : 30 minutes
Cuisson : 15 minutes

❱ Mixez la margarine avec le sucre et la pâte de dattes jusqu'à ce que le mélange soit mousseux. Incorporez les farines, la poudre à lever, le sel et la poudre d'amandes. Mélangez. Réservez au frais 30 minutes.

❱ Préchauffez le four à 190 °C (th. 6-7). Façonnez de petites boules, posez-les sur une plaque recouverte de papier de cuisson. Aplatissez-les avec le fond d'un verre mouillé pour former des biscuits ronds de près de 5 mm d'épaisseur.

❱ Enfournez et laissez cuire pendant 15 minutes environ. À la sortie du four, saupoudrez de cannelle.

La pâte de dattes
Véritable gourmandise orientale, la pâte de dattes séduit par son haut pouvoir sucrant et sa longue conservation.

Cake à l'orange et au gingembre

Ingrédients pour le cake

- 120 g de margarine végétale
- 80 g de sucre de canne blond
- 12 cl de jus d'orange
- 150 g de farine de riz
- 50 g de farine de quinoa
- 30 g de fécule de pomme de terre
- 2 c. à soupe d'arrow-root
- 7 g de poudre à lever sans gluten
- 2 gouttes d'huile essentielle d'orange douce
- 1 c. à café de gingembre
- 100 g de « yaourt » de soja
- 1 pincée de sel
- 1 peu de margarine pour le moule

Ingrédients pour le glaçage

- 40 g de sucre glace
- 2 c. à soupe de jus d'orange
- 2 c. à soupe d'écorces d'oranges confites

Pour 6 personnes
Préparation : 10 minutes
Cuisson : 40 minutes

▶ Préchauffez le four à 180 °C (th. 6). Mixez la margarine avec le sucre jusqu'à ce que le mélange soit crémeux. Incorporez le jus d'orange, les farines, la fécule, l'arrow-root et la poudre à lever. Ajoutez l'huile essentielle, le gingembre, le « yaourt » de soja et le sel. Mélangez bien.

▶ Versez dans un moule à cake préalablement graissé. Enfournez pour 40 minutes. Vérifiez la cuisson en enfonçant un couteau pointu au centre du cake : il doit ressortir sec.

▶ Pour le glaçage : versez le sucre glace dans un saladier, ajoutez le jus d'orange. Fouettez jusqu'à obtention d'une consistance nappante. Si nécessaire, ajoutez un peu de liquide. Nappez sans attendre le centre du gâteau, puis étalez le nappage avec une spatule. Parsemez avec les écorces d'oranges confites.

...le quinoa

Originaire d'Amérique du Sud, où les Incas le considéraient comme une plante sacrée, le quinoa était cultivé il y a plus de 5 000 ans. Cette petite graine n'appartient pas à la famille des graminées (blé), mais à celle des chénopodiacées (épinard, betterave). Exempte de gluten, cette pseudocéréale présente un intérêt nutritionnel élevé : protéines végétales de haute qualité, fibres, acides gras polyinsaturés et nombreux micronutriments (manganèse, fer, cuivre, vitamines B2).

Attention, le goût particulier de la farine de quinoa peut déplaire. Utilisez-la toujours en portion minoritaire associée avec de la farine de riz. Le chocolat et les amandes s'accordent très bien avec sa saveur typique et prononcée.

quinoa

Cannelés

Ingrédients

✦ 3 gousses de vanille
✦ ½ litre de « lait » de riz nature
✦ 2 œufs
✦ 2 c. à soupe bombées de purée d'amandes blanches
✦ 1 bouchon de rhum
✦ 100 g de farine de riz
✦ 50 g de poudre d'amandes
✦ 160 g de sucre glace

Pour 10 cannelés
Préparation : 10 minutes
Cuisson : 65 minutes

▶ Préchauffez le four à 220 °C (th. 7). Grattez l'intérieur des gousses de vanille pour récolter les graines. Jetez-les dans le « lait » de riz et portez à ébullition.

▶ Fouettez les œufs avec la purée d'amandes. Versez dans le liquide chaud. Mélangez vivement afin de ne pas faire cuire les œufs. Ajoutez le rhum et laissez refroidir.

▶ Mélangez la farine, la poudre d'amandes et le sucre. Ajoutez peu à peu le liquide refroidi. Remplissez des moules à cannelés préalablement graissés.

▶ Enfournez les gâteaux à 220 °C pendant 10 minutes, puis baissez la température du four à 180 °C (th. 6) et poursuivez la cuisson pendant 55 minutes. Démoulez les cannelés lorsqu'ils sont tièdes.

Croquants mais fondants

Sous un manteau croquant, ces petites pâtisseries typiquement bordelaises cachent un cœur fondant. À déguster sans modération avec un excellent café Maragogype.
À défaut de purée d'amandes, vous pouvez utiliser de la margarine végétale (20 g).

farine de
riz

...la farine de riz

ZOOM SUR

Appartenant à la famille des graminées, le riz serait la première céréale cultivée par l'homme.

Réalisée à partir de la mouture des grains de riz (bruns ou blancs), la farine peut être complète ou blanche. Dépourvue de gluten, elle est particulièrement digeste. C'est une bonne source de sucres lents, de protéines, de fibres, de minéraux (magnésium, calcium, fer, zinc, potassium, manganèse) et de vitamines (A, B).

Avec sa texture finement granuleuse et son goût discret légèrement sucré, cette farine s'adapte à toutes les situations. Des crêpes à la génoise, en passant par les clafoutis, les biscuits et les cakes, la farine de riz fait des merveilles. Seule ou mélangée, elle apporte croustillant, moelleux et légèreté.

Pudding du « chômeur »

Ingrédients pour la sauce à l'érable

- 30 cl de sirop d'érable
- 30 cl d'eau
- 150 g de sucre rapadura
- 40 g de margarine végétale

Ingrédients pour le gâteau

- 3 pommes
- 200 g de farine de riz
- 2 c. à soupe de sucre de canne complet
- 1 c. à café de poudre à lever sans gluten
- 1 pincée de sel
- 25 cl de « lait » de riz parfumé à la vanille
- 3 c. à soupe d'huile d'olive

Pour 6 personnes
Préparation : 5 minutes
Cuisson : 30 minutes

◗ Préchauffez le four à 190 °C (th. 6-7). Faites chauffer à feu doux tous les ingrédients de la sauce dans une poêle, de manière à faire fondre le sucre. Réservez.

◗ Épluchez les pommes, évidez-les et coupez-les en dés. Dans un saladier, mélangez la farine, le sucre, la poudre à lever et le sel. Incorporez le « lait » de riz, l'huile d'olive et les dés de pomme. Mélangez jusqu'à ce que la pâte soit bien homogène.

◗ Versez votre préparation dans un plat graissé allant au four, arrosez avec le sirop. Enfournez pendant 25 à 30 minutes, jusqu'à ce que le pudding soit joliment doré.

Une recette de famille

Cette recette est librement inspirée d'un dessert typiquement québécois. Il aurait été créé par des femmes d'ouvriers durant la crise économique de 1929. Depuis, chaque famille a sa recette de pudding avec sa touche personnelle transmise de génération en génération : chocolat, œufs, crème, vanille...

Desserts express

- Tartelettes aux prunes sur lit de crème vanille
- Crumble *made in Belgium*
- Cookies aux noisettes
- Tatin de l'été
- Pancakes au miel
- Bâtonnets de polenta
  et leur coulis de mangues
- Bavarois aux framboises
- Blinis de pommes nappés de sirop de fruits
- Crème de riz au « lait »
  et sa compotée de fraises

Tartelettes aux prunes sur lit de crème vanille

Ingrédients

+ 75 g de margarine végétale
+ 200 g de biscuits sans gluten
+ 5 c. à soupe de gelée de fruits rouges
+ 200 g de prunes
+ 200 g de crème dessert vanille au soja

Pour 4 à 6 personnes
Préparation : 10 minutes
Réfrigération : 15 minutes

▸ Faites fondre la margarine. Émiettez les biscuits et mélangez-les à la margarine fondue de manière à obtenir une pâte homogène.

▸ Garnissez des ramequins individuels graissés avec la pâte et laissez reposer au frais pendant 30 minutes.

▸ Réchauffez la gelée dans une petite casserole. Lavez puis coupez les prunes en quartiers.

▸ Étalez la crème dessert au soja sur le fond de chacune des tartelettes, posez les prunes. Versez par-dessus la gelée liquéfiée. Placez au frais pendant 15 minutes.

Changez tout !

Vous n'aimez pas les prunes ? Utilisez des fraises, des framboises, des pêches, des mangues, des kiwis ou encore des abricots.
La crème vanille ne vous enchante pas... Optez pour une crème chocolat ou caramel. Une seule limite : votre imagination. Osez toutes les associations et variez les plaisirs.

...le muesli sans gluten

ZOOM SUR

Le *musli* est la création du docteur Bircher. Ce diététicien suisse aurait mis au point cette « petite purée » au début du XXe siècle pour requinquer des enfants anémiés après la guerre. On retrouve dans sa recette de base des flocons d'avoine, des pommes râpées, du jus de citron, du lait concentré sucré et des fruits secs. Aujourd'hui, le muesli connaît une multitude de variantes, avec ou sans gluten. Réaliser son muesli maison n'est guère compliqué. Vous pouvez, par exemple, griller des flocons (riz, sarrasin, quinoa, etc.), les associer à du riz soufflé ou des flocons de maïs, des fruits séchés (canneberges, dattes, coco, bananes, etc.), des oléagineux (noisettes, amandes, et.) ou encore des graines (tournesol, lin, sésame). À vous d'imaginer les associations les plus gourmandes.

muesli sans gluten

Crumble *made in Belgium*

Ingrédients pour le crumble épicé

+ 150 g de muesli sans gluten
+ 1 c. à café d'épices à spéculoos
+ 75 g de margarine végétale
+ 4 c. soupe de farine de souchet
+ 4 c. à soupe de rapadura

Ingrédients pour la garniture

+ 4 pommes
+ 1 c. à soupe bien remplie de jus de citron
+ 1 peu d'huile d'olive

Pour 4 personnes
Préparation : 10 minutes
Cuisson : 20 minutes

❙ Préchauffez le four à 180 °C (th. 6). Mixez le muesli avec les épices à spéculoos, la margarine, la farine de souchet et le rapadura.

❙ Pelez les pommes, coupez-les en quartiers et arrosez-les avec le jus de citron.

❙ Disposez-les dans un plat à gratin préalablement graissé. Recouvrez avec le crumble et enfournez pendant 20 minutes. Dégustez tiède.

Les spéculoos

Le secret d'un bon spéculoos (biscuit belge) réside dans le juste équilibre de ses épices (cannelle, clou de girofle, gingembre, cardamome et noix de muscade). De nombreux pâtissiers composent leur propre mélange, y ajoutant parfois une pointe de vanille et d'anis.

Cookies
aux noisettes

Ingrédients

+ 100 g de margarine végétale
+ 1 c. à soupe de purée de noisettes
+ 100 g de sucre de canne complet
+ 175 g de farine de riz
+ 50 g de farine de pois chiche
+ 2 c. à café de poudre à lever sans gluten
+ 100 g de noisettes concassées

Pour 20 biscuits
Préparation : 10 minutes
Cuisson : 10 minutes

Mixez la margarine avec la purée de noisettes et le sucre. Incorporez les farines, la poudre à lever et les noisettes concassées. Mélangez. Préchauffez le four à 190 °C (th. 6).

1 Façonnez de petites boulettes.

2 Posez ces petites boulettes de pâte sur une grande plaque recouverte de papier de cuisson. Aplatissez-les avec une fourchette de manière à ce que les biscuits aient 1 cm d'épaisseur.

Enfournez pour 10 minutes jusqu'à ce que les cookies soient dorés.

Les cookies

Venant du néerlandais *koekjes* (qui signifie « petit gâteau »), les cookies étaient à l'origine des biscuits aux pépites de chocolat. Aujourd'hui, ces biscuits typiquement américains se piquettent de chocolat (blanc, noir), de noisettes, de noix de cajou, de raisins ou encore de cacahouètes. Une seule constante, le meilleur moment pour les déguster : le jour même, à la sortie du four.

Tatin de l'été

Ingrédients

- ✦ 5 belles pêches (ou nectarines, abricots)
- ✦ 40 g d'amandes effilées
- ✦ 100 g de confiture de groseilles
- ✦ 4 feuilles de riz

Pour 4 personnes
Préparation : 10 minutes
Cuisson : 15 minutes

❱ Préchauffez le four à 180 °C (th. 6). Pelez les pêches, coupez-les en quartiers.

❱ Parsemez le fond de vos moules à tartelette préalablement graissés avec les amandes. Étalez la confiture et disposez les pêches.

❱ Posez les feuilles de riz en veillant à les souder au bord des moules. Mettez au four pour 15 minutes.

Feuilles de riz en dessert

Connues surtout pour leur utilisation en salé (principalement nems et rouleaux de printemps), les feuilles de riz ne sont pas à négliger pour les desserts. Vous pouvez confectionner des cigares farcis aux fruits, des nems aux fraises, des fonds de tartelette, des croustillants de mangue...

Pancakes au miel

Ingrédients

- 200 g de farine de riz
- 50 g de farine de pois chiche
- 2 c. à soupe de sucre de canne complet
- 1 c. à café de poudre à lever sans gluten
- 1 pincée de sel
- 50 cl de « lait » de soja parfumé à la vanille
- 2 c. à soupe d'huile d'olive
- 1 filet de miel liquide

Pour 4 personnes
Préparation : 5 minutes
Cuisson : 5 minutes

1 Mélangez les farines avec le sucre, la poudre à lever et le sel dans un saladier. Formez un puits au centre et ajoutez petit à petit le « lait » végétal.

2 La pâte doit être fluide et épaisse. Incorporez 1 cuillère à soupe d'huile d'olive. Mélangez.

3 Chauffez le reste d'huile dans votre poêle, sur un feu assez fort. Versez-y un peu de pâte en formant un rond. Attendez que des bulles se forment à la surface du pancake pour le retourner. Réservez au chaud au fur et à mesure de la cuisson.

4 Servez les pancakes chauds avec un filet de miel.

Variantes

Remplacez la farine de pois de chiche par de la farine de châtaigne et coupez le « lait » de soja avec de l'eau pétillante (20 cl d'eau pétillante, 30 cl de « lait » végétal) ; ou par de la farine de noix de coco et du « lait » de coco-riz.
Ces pancakes sont également délicieux avec du sirop d'érable, d'agave ou encore du sirop de fruits.

polenta

...la polenta

ZOOM SUR

Connue déjà des Romains (Épicure en vantait les plaisirs), la polenta ne se limite pas à l'Italie. On la retrouve notamment en Suisse, Savoie, Bulgarie et Roumanie.

Attention, la polenta n'est pas un synonyme de fécule ni de farine de maïs. Bien que ces trois produits soient obtenus à partir de la mouture des grains de maïs, ils diffèrent du fait de l'épaisseur de leur mouture (la plus fine étant la fécule et la plus grossière la polenta).

Dénuée de gluten, cette semoule précuite est une bonne source de sucres lents, de minéraux (magnésium, potassium, zinc) et de vitamines B (surtout B9). Facile d'utilisation, la semoule de maïs donne une consistance légèrement croquante aux biscuits, pains et gâteaux. Elle se travaille également en bouillie. Son temps de cuisson varie d'un fabricant à l'autre.

Bâtonnets de polenta et leur coulis de mangues

Ingrédients

◆ 40 cl de « lait » de riz nature
◆ 20 cl de « lait » de coco
◆ 2 c. à soupe de rapadura
◆ 130 g de polenta fine
◆ 2 mangues bien mûres
◆ 1 c. à soupe de jus de citron vert
◆ 1 c. à soupe d'huile d'olive

Pour 4 personnes
Préparation : 10 minutes
Cuisson : 5 minutes

❯ Portez les « laits » à ébullition. Réduisez le feu et jetez la polenta en pluie tout en remuant. Incorporez le rapadura. Quand la semoule devient épaisse, versez-la dans un grand moule et laissez refroidir.

❯ Pelez les mangues, coupez-les en quartiers et passez-les au mixer. Ajoutez le jus de citron vert. Réservez au frais.

❯ Dès que votre polenta est figée, coupez-la en bâtonnets. Faites dorer ces bâtonnets dans un peu d'huile d'olive préalablement chauffée. Servez avec la purée de mangue.

Ou encore...
Vous pouvez agrémenter votre polenta de fruits secs. Et y associer d'autres coulis (à base d'ananas, de cassis...) ou même du chocolat.

Bavarois aux framboises

Ingrédients pour la pâte

+ 200 g de biscuits sans gluten
+ 75 g de margarine végétale

Ingrédients pour la garniture

+ 4 g d'agar-agar
+ 10 cl de coulis de framboises
+ 5 cl d'eau
+ 100 g de velouté de brebis
+ 400 g de « yaourt » de soja parfumé à la framboise
+ 4 c. à soupe de sucre de canne blond

Ingrédients pour le glaçage

+ 1 pincée d'agar-agar
+ 5 cl de coulis de framboises
+ 5 cl d'eau

Pour 4 à 6 personnes
Préparation : 10 minutes
Réfrigération : 1 heure

▶ Mixez les biscuits avec la margarine. Tassez ce mélange dans le fond de cercles à pâtisserie.

▶ Délayez l'agar-agar dans le coulis additionné d'eau. Portez à ébullition sans cesser de remuer. Mélangez le velouté avec le « yaourt » de soja et le sucre. Incorporez le coulis à l'agar-agar. Versez sur les biscuits dans les cercles.

▶ Pour le glaçage : délayez l'agar-agar dans le coulis additionné d'eau, portez à ébullition sans cesser de remuer. Versez sur la garniture.

▶ Réservez au frais au moins 1 heure. Pour le démoulage, poussez le bavarois par le biscuit, vers le haut.

...les fécules de pomme de terre et de maïs

La fécule de maïs (également appelée amidon de maïs, fleur de maïs) est extraite de l'amidon du maïs. Fine et d'un goût neutre, elle est principalement connue pour ses propriétés gélifiantes.

La fécule de pomme de terre est obtenue à partir de pommes de terre desséchées réduites en farine extrafine.

Mélangées à d'autres farines, ces deux fécules donnent moelleux et légèreté aux gâteaux, texture fine et croquant aux biscuits. Elles font de très bons entremets et crèmes pâtissières.

Pour réussir les crèmes, les flans et les entremets, il faut les délayer dans un peu de liquide, avant de les incorporer dans la préparation chaude et de poursuivre la cuisson.

Blinis de pommes nappés de sirop de fruits

Ingrédients

- 150 g de farine de riz
- 50 g de farine de châtaigne
- 50 g de fécule de pomme de terre
- 1 c. à café de poudre à lever sans gluten
- 3 c. à soupe de rapadura
- 1 pincée de sel
- 50 cl de « lait » de riz
- 2 pommes
- 2 c. à soupe d'huile d'olive
- Sirop de fruits

Pour une dizaine de blinis
Préparation : 5 minutes
Cuisson : 15 minutes

Le sirop de fruits

Réalisé à partir de pomme et de poire, le sirop de fruits (également appelé Sirop de Liège) se présente sous la forme d'une pâte brune. Un concentré de fruits délicieusement acidulé qui peut céder sa place aux sirops d'érable et d'agave, à la purée de choco-noisettes ou encore à l'indémodable miel liquide.

▶ Mélangez les farines, la fécule, la poudre à lever, le sucre et le sel dans un saladier. Ajoutez petit à petit le lait végétal. Mélangez bien. La pâte ne doit pas être aussi liquide que celle de la pâte à crêpe.

▶ Pelez et râpez les pommes. Ajoutez-les à votre pâte à blinis, ainsi qu'une cuillère à soupe d'huile d'olive. Mélangez bien.

▶ Faites chauffer la poêle à crêpes (ou à blinis) avec le reste d'huile. Versez une petite louche de pâte dans votre poêle chaude. Dès que des bulles se forment à la surface du blinis, retournez-le. Réservez au chaud au fur et à mesure de la cuisson.

▶ Tartinez avec du sirop de fruits.

Crème de riz au « lait » et sa compotée de fraises

Ingrédients

✦ 60 cl de « lait » de riz parfumé à la vanille
✦ 40 g de crème de riz
✦ 250 g de fraises
✦ Le jus de ½ citron
✦ 4 c. à soupe de sucre de canne blond

Pour 4 personnes
Préparation : 5 minutes
Cuisson : 20 minutes

❱ Faites chauffer le « lait », versez la crème en pluie fine. Faites cuire à feu doux, sans cesser de remuer, durant 10 minutes jusqu'à la préparation soit onctueuse.

❱ Préparez la compotée de fraises : rincez les fraises, équeutez-les et coupez-les en deux. Arrosez-les avec le jus du demi-citron, puis saupoudrez de sucre. Faites cuire à feu très doux durant 10 minutes. Mélangez délicatement.

❱ Servez la crème de riz nappée de compotée de fraises.

La crème de riz

Attention, ne confondez pas la crème de riz avec la crème liquide de riz, qui est un substitut végétal à la crème fraîche. La crème de riz dont il est question dans cette recette est une farine précuite. D'une texture très fine et d'une saveur douce, elle est parfaite pour réaliser des crèmes, bouillies et entremets.

Pour les fondus du chocolat

- Crème superchocolatée
- Nems au chocolat
- Gâteau au chocolat
- Moelleux au chocolat et au caramel salé
- Brownies chocolat-cappuccino
- Crêpes légères au chocolat et à la noix de coco

Crème superchocolatée

Ingrédients

+ 60 g de fécule de maïs
+ 100 g de cacao en poudre non sucré
+ 200 g de sucre de canne complet
+ 1 c. à café de cannelle
+ 50 g de chocolat noir (70 % cacao)
+ 5 cl de rhum
+ 75 cl de « lait » de riz à la vanille
+ 10 cl de crème liquide de soja
+ 4 c. à soupe d'amandes effilées grillées

Pour 4 personnes
Préparation : 5 minutes
Cuisson : 10 minutes

❯ Mélangez la fécule de maïs, le cacao, le sucre et la cannelle. Faites fondre le chocolat avec le rhum.

❯ Chauffez le « lait » végétal. Versez-le sur le mélange cacao-fécule. Ajoutez le chocolat fondu. Faites cuire à feux doux en remuant.

❯ Une fois votre préparation épaissie, ajoutez la crème liquide de soja.

❯ Mélangez et laissez refroidir.

❯ Au moment de servir, décorez avec les amandes effilées.

Nems au chocolat

Ingrédients

+ 30 g de cacao en poudre non sucré
+ 3 c. à soupe de « lait » d'amandes
+ 20 g de purée d'amandes
+ 2 c. à soupe de sirop d'agave
+ 8 feuilles de riz
+ 10 cl de coulis de fraises

Pour 4 personnes
Préparation : 15 minutes
Cuisson : 5 minutes

1 Préparez la farce sucrée : mélangez le cacao avec le lait végétal, la purée d'amandes et le sirop d'agave.

2 et 3 Humidifiez les feuilles de riz de manière à les rendre malléables. Pliez-les en deux. Garnissez-les avec la farce : sur la partie haute de la feuille, étalez votre chocolat horizontalement.

3 Rabattez les côtés et roulez de manière à former un tube.

4 Placez les nems dans un plat et enfournez-les pendant quelques minutes à 180 °C (th. 6) jusqu'à ce qu'ils soient dorés. Servez avec un coulis de fraises.

Nems aux fruits

Une autre farce tout aussi gourmande : une compotée de fruits de saison ! Avec comme accompagnement, une sauce au chocolat noir.

PAS
À PAS

...la farine de soja

Obtenue par la mouture des grains de soja jaune, la farine de soja s'incorpore en très petites quantités dans les recettes de pains, pâtisseries, blinis, biscuits, etc.

Si son goût prononcé de noisette vous déplaît, neutralisez-le avec du chocolat ou des épices. Cette farine fine et légère donne une jolie couleur dorée et du moelleux à vos préparations. De plus, lors de la cuisson, elle a la particularité de retenir l'humidité. De quoi prolonger la durée de conservation de votre préparation. Riche en protéines et acides gras polyinsaturés, c'est également une championne en calories (452 kcal pour 100 g contre 366 kcal pour la farine de riz).

farine de soja

Gâteau au chocolat

Ingrédients pour le gâteau

+ 220 g de farine de riz
+ 30 g de farine de soja
+ 50 g de fécule de pomme de terre
+ 7 g de poudre à lever sans gluten
+ 175 g de sucre de canne complet
+ 60 g de cacao pur
+ 40 g d'amandes émincées
+ 100 g de « yaourt » de soja nature
+ 100 g de compote de pommes
+ 10 cl de café
+ 125 g de margarine végétale
+ 1 pincée de sel

Ingrédients pour la garniture

+ 15 cl de crème « chantilly » végétale
+ 1 c. à soupe de cacao en poudre
+ 200 g de chocolat noir
+ 1 c. à soupe de rhum
+ 2 c. à soupe de sucre glace
+ 25 cl de crème liquide de soja

Pour 6 à 8 personnes
Préparation : 5 minutes
Cuisson : 40 minutes
Réfrigération : 1 heure

▸ Préchauffez le four à 180 °C (th. 6). Dans un bol, mélangez tous les ingrédients secs. Ajoutez le « yaourt », le café, la compote et la margarine fondue.

▸ Versez dans un moule à cake préalablement graissé et enfournez pendant 40 minutes. Vérifiez la cuisson en enfonçant un couteau au milieu du gâteau : la lame doit ressortir propre. Réservez le gâteau au frais.

▸ Préparez la garniture : fouettez la « chantilly », ajoutez-y délicatement la cuillère à soupe de cacao. Faites fondre, à feu très doux, le chocolat avec le rhum dans une petite casserole. Ajoutez le sucre. Versez la crème végétale liquide tout en remuant. Dès que la garniture est crémeuse, c'est prêt.

▸ Démoulez le gâteau, coupez-le en deux parts égales dans le sens de la longueur. Étalez la chantilly sur l'une des deux parts, posez l'autre par-dessus. Recouvrez ce gâteau étagé avec la préparation au chocolat tiède. Placez au réfrigérateur pendant 1 heure. Pour la décoration, saupoudrez avec du cacao à l'aide d'un tamis.

Moelleux au chocolat et au caramel salé

Ingrédients

✦ 150 g de chocolat noir (70 % de cacao)
✦ 80 g de margarine végétale
✦ 4 œufs
✦ 80 g de sucre de canne blond
✦ 50 g de farine de riz
✦ 6 c. à café de caramel au beurre salé bien froid (ou 6 caramels)

Pour 6 personnes
Préparation : 5 minutes
Cuisson : 15 minutes

1 Préchauffez le four à 180 °C (th. 6). Faites fondre à feu doux le chocolat avec la margarine. Mélangez.

2 Battez les œufs avec le sucre. Incorporez-y petit à petit la farine, puis le chocolat fondu.

3 Remplissez à mi-hauteur les ramequins préalablement graissés avec la préparation. Déposez dans chacun d'eux une cuillère à café de caramel, recouvrez avec le reste de préparation.

4 Enfournez les ramequins durant 15 minutes. Servez tièdes.

Caramel et chocolat

Le dosage en caramel est des plus subjectifs. À vous de jouer sur les quantités en fonction de votre gourmandise et... de vos dents !
Quant au chocolat, il peut se décliner en version allégée en cacao, voire avec une pointe de lait.

PAS À PAS

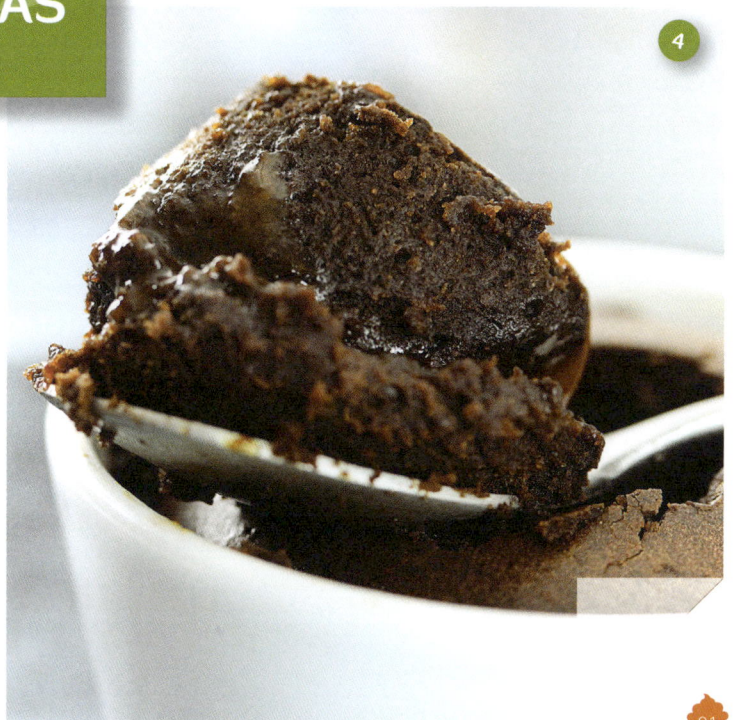

Brownies chocolat-cappuccino

Ingrédients

- 100 g de chocolat noir (70 % de cacao)
- 100 g de margarine végétale
- 60 g de flocons de châtaigne grillés
- 1 tasse d'expresso
- 100 g de sucre de canne complet
- 30 g de cacao en poudre non sucré
- 40 g de farine de riz
- 7 g de poudre à lever sans gluten
- 2 yaourts de chèvre

Pour 6 personnes
Préparation : 10 minutes
Cuisson : 30 minutes

▶ Faites fondre au bain-marie le chocolat avec la margarine. Ajoutez les flocons de châtaigne et l'expresso. Laissez refroidir.

▶ Dans un saladier, mélangez le sucre, le cacao, la farine et la poudre à lever. Incorporez le mélange chocolaté et les yaourts. La pâte doit être assez liquide.

▶ Versez la préparation dans un moule à bords hauts préalablement graissé. Enfournez à 180 °C (th. 6) dans un four froid durant 30 minutes. L'extérieur est croustillant, l'intérieur moelleux. Laissez refroidir avant de découper des morceaux de brownies.

Œuf ou yaourt
Vous pouvez remplacer le yaourt de chèvre par du « yaourt » de soja ou de brebis. Autre possibilité : des œufs. Dans ce cas, comptez en 4. Ajoutez-les un à un au mélange flocons-chocolat.

Crêpes légères au chocolat et à la noix de coco

Ingrédients pour la pâte à crêpes

- 100 g de farine de riz
- 30 g de farine de soja
- 2 c. à soupe de sucre de canne complet
- 1 pincée de sel
- 1 c. à café d'huile d'olive
- 2 œufs
- 10 cl de « lait » de coco
- 5 cl d'eau pétillante

Ingrédients pour la garniture

- 100 g de chocolat noir (70 % de cacao minimum)
- 3 c. à soupe de café liquide
- 10 cl de crème liquide de soja
- 30 g de noix de coco râpée

Pour une douzaine de crêpes
Préparation : 15 minutes
Repos : 1 heure
Cuisson : 20 minutes

▶ Mélangez les farines avec le sucre et le sel. Formez un puits, versez-y une cuillère à café d'huile et les œufs légèrement battus. Mélangez. Incorporez le lait et l'eau pétillante progressivement.

▶ Couvrez avec une assiette et laissez reposer la pâte à température ambiante pendant 1 heure.

▶ Pendant ce temps, préparez la garniture : faites fondre au bain-marie le chocolat avec le café. Remuez régulièrement avec une cuillère en bois afin que la préparation n'accroche pas. Dès que le chocolat a fondu, ajoutez la crème végétale. Mélangez et réservez.

▶ Faites chauffer une poêle antiadhésive légèrement huilée. Mélangez la pâte pour la rendre bien homogène et cuisez les crêpes. Si besoin, regraissez de temps en temps la poêle à l'aide d'un papier absorbant trempé dans un peu d'huile.

▶ Servez les crêpes nappées de crème au chocolat et parsemées de noix de coco râpée.

Déjà parus aux éditions Terre vivante

❱ **Manger sain pour trois fois rien**
Avec 150 recettes bio
Claude et Emmanuelle Aubert

❱ **Je sais cuisiner les céréales !**
Frédérique Chartrand

❱ **Les premiers repas bio de mon bébé**
Julie Balcazar

❱ **Les légumes passent à table**
Recettes inattendues
Côté jardin

❱ **Les conserves naturelles des 4 saisons**
Collectif

❱ **Le petit guide de la cure de raisin**
Collectif

❱ **22 épices pour préserver la santé**
Guy Avril

❱ **Je cuisine les herbes aromatiques**
Amandine Geers et Olivier Degorce

❱ **Créez vos cosmétiques bio**
Sylvie Hampikian

> Découvrez les autres titres édités par Terre vivante
sur le bien-être et l'alimentation saine, le jardinage
biologique et l'habitat écologique sur
www.terrevivante.org

Terre vivante a réalisé la première Analyse de cycle de vie (ACV) d'un livre en France. Terre vivante est également partenaire de l'expérimentation nationale de l'affichage des caractéristiques environnementales sur les produits de consommation conduite par le groupement Scoredit. Découvrez ci-dessous l'impact écologique de ce livre.

IMPACT-ÉCOLOGIQUE
www.scoredit.fr

PIC D'OZONE	3 mg eq C_2H_4
RESSOURCES NON-RENOUVELABLES	66 mg eq Sb
CLIMAT	8 g eq CO_2

Pour une page A4

Cet imprimé participe à l'expérimentation nationale sur l'affichage environnemental.

Pour comprendre les enjeux écologiques, accédez au document *Fabriquer des livres, quels impacts sur l'environnement ?* sur www.terrevivante.org

Imprimé en région Rhône-Alpes, sur papier certifié, fabriqué à partir de pâte à papier issue de forêts exploitées en gestion durable. L'encre utilisée est à base d'huiles végétales. L'imprimerie adopte une démarche environnementale progressiste validée par la marque Imprim'vert.

Achevé d'imprimer en France par l'imprimerie Chirat (Saint-Just-la-Pendue) N° 201112.0231 - Dépôt légal : janvier 2012

PEFC
PEFC/10-31-1895

IMPRIM'VERT